Դբ 56
956

LA
NOUVELLE CARTE
D'EUROPE

PAR

EDMOND ABOUT

PARIS

E. DENTU, LIBRAIRE-ÉDITEUR

PALAIS ROYAL, 13, GALERIE D'ORLÉANS

1860

Tous droits réservés.

PRÉFACE A LIRE

Surtout, gardez-vous bien de prendre cette fantaisie pour une brochure officielle ! Ce n'est pas même une indiscrétion. L'auteur n'a pas la main assez belle pour écrire sous la dictée des grands. Il a l'oreille trop dure pour écouter aux portes et l'échine trop raide pour se pencher au trou des serrures. C'est un paysan de Saverne, un homme de rien, qui ne sera jamais rien qu'un fonctionnaire de la liberté. Vous reconnaîtrez aisément que son style manque de cette ampleur et de cette solennité qui distinguent les rédactions officielles. Enfin, l'histoire qu'il raconte est une fiction, une billevesée, un rêve, peut-être une mystification et un poisson d'avril. N'oubliez pas, cependant, que Lafontaine a dit dans son aimable sagesse :

« Petit poisson deviendra grand
« Pourvu que Dieu lui prête vie. »

E. A.

La Schlittenbach, 15 avril 1860.

LA
NOUVELLE CARTE
D'EUROPE

Le premier jour du mois d'avril, quelques voyageurs, rassemblés par le hasard, avaient dîné à l'hôtel du Louvre. Soit que le repas eût été bon, soit que le hasard eût pris soin de réunir des gens sans morgue, une aimable familiarité naquit entre les convives, et tout le monde se connaissait au dessert. La chose eût paru toute simple, il y a cent ans ; elle est presque invraisemblable dans un siècle gourmé comme le nôtre. Mais les voyageurs dont je vous parle, n'appartenant à aucune aristocratie, n'aspiraient point au ridicule des belles manières.

C'était un grand capitaine français, né dans une famille de soldats et neveu d'un lieutenant d'artillerie ; une belle dame anglaise, placée à la tête d'une maison d'exportation qui a des comptoirs jusqu'au bout du monde; un vieux moine romain, de figure douce et respectable ; un beau sous-officier piémontais, bon appétit et longue moustache; un Turc de Constantinople, marié à sept cent cinquante femmes et légèrement endormi ; un gros Russe de bon sens et de bonne mine ; un Prussien, carré par la base ; un grand Américain, svelte et beau parleur ; enfin, deux jeunes gens de vingt-quatre à trente ans, qu'on aurait pu prendre pour deux frères, quoique l'un fût né à Vienne, en Autriche, et l'autre à Naples, en Italie.

Ces braves gens parlèrent de tout et de plusieurs autres choses. Ils épuisèrent les sujets de pure actualité; mais la politique se mit bientôt de la partie, car elle est de tous les écots en 1860. On cria donc un peu, et neuf ou dix opinions contraires se firent jour en même temps. Une tempête de théories se déchaîna autour de la table; la porcelaine et les cristaux en furent ébranlés.

— « Parbleu ! s'écria le sous-officier piémontais d'une voix qui dominait le tapage, m'est avis que nous serions en nombre pour former un Congrès. Voici la France et l'Angleterre, la Russie et la Turquie, la Prusse et l'Autriche, et l'Italie sous toutes ses faces. Voici même l'Amérique, qui viendra siéger un jour ou l'autre dans toutes les Assemblées de l'Europe, car il n'y a plus d'Océan depuis l'invention de la vapeur. Nous sommes un Congrès, vous dis-je; un Congrès tout fait, et même un Congrès de la plus belle venue, puisque nous parlons tous à la fois et que nous ne nous entendons pas. Délibérons !

— « Délibérons ! cria le chœur.

— « Mais sur quoi? demanda le vieux moine. Il y a des choses, vous le savez, qui ne relèvent pas de la discussion.

— « Tout est discutable ! reprit le citoyen de la libre Amérique.

— « Non ! non ! répondirent les deux jeunes gens de Naples et de Vienne.

— « Si ! » répliqua l'officier français d'un ton bref.

Le Turc bâilla copieusement.

— « Madame et Messieurs, reprit l'Américain, je suis fort désintéressé dans les questions qui divisent l'Europe et qui la déchireront peut-être un de ces jours. Mais, si j'avais eu l'honneur de naître parmi vous, je profiterais de cette occasion, peut-être unique, pour débrouiller tous les nœuds, tirer au clair tous les principes, constater tous les droits, redresser toutes les frontières et fonder l'ordre européen en des bases inébranlables. Je vous redemanderai un verre de cet excellent *brandy*. Merci bien. Si votre discussion pouvait aboutir, Dieu aidant, à des conclusions équitables, logiques et pratiques, les peuples et les souverains n'hésiteraient pas, j'en suis sûr, à les adopter. Il est vrai que vous n'avez ni pouvoirs en règle ni caractère officiel; mais Robert Fulton n'avait pas de pouvoirs en règle lorsqu'il inventa les bateaux à vapeur. Gutemberg n'était revêtu d'aucun caractère officiel lorsqu'il créa l'imprimerie, source de toutes les lumières, mobile de tous les progrès ! »

On applaudit.

— « Madame et Messieurs, poursuivit l'Américain, tous les bienfaiteurs de l'humanité ont agi en vertu d'un mandat qu'ils s'étaient décerné eux-mêmes. Les uns ont réussi de leur vivant; la reconnaissance du monde en a fait des rois. Les autres n'ont réussi qu'après leur mort; l'ingratitude des contemporains en a fait des dieux ! »

On applaudit encore. L'orateur s'essuya le front et redemanda une larme de *brandy*.

— « Et qui pourrait, reprit-il avec une nouvelle ardeur, qui pourrait, plus légitimement que nous, régler les destinées de l'Europe? Nous sommes convaincus, en Amérique, que le droit auguste de souveraineté appartient au peuple pour le moins autant qu'aux rois. Les princes ne l'exercent que par notre délégation dans une moitié de l'univers, par notre permission dans l'autre. C'est nous qui leur donnons le sceptre dans les pays de suffrage universel, ou qui, dans les autres, le leur laissons entre les mains. Nous les avons assis ou nous les souffrons sur un trône ; ils ne règnent donc que par notre bon plaisir. Dira-t-on qu'ils ont une expérience qui nous manque ou des lumières que nous n'avons pas? Non, car ceux qui, avant d'arriver au souverain pouvoir, ont été forcés par les circonstances ou portés par leur bon génie à les acquérir, sont extraordinairement rares ; les autres perdent les neuf dixièmes de leur temps à passer des revues, à recevoir des ambassadeurs, à écouter des paroles inutiles et à distribuer des coups de chapeau, tandis que nous étudions l'histoire et la politique. Ajoutez, s'il vous plaît, que nous sommes tous parfaitement désintéressés dans le partage de l'Europe, tandis qu'un Congrès de souverains se laisserait entraîner, dans un sens ou dans un autre, par des intérêts de famille ! Nous sommes rois, nous sommes compétents, nous sommes justes. Délibérons ! »

Un tonnerre de bravos salua cette péroraison. Le moine risqua une objection qui fut étouffée par le bruit des voix. Le Turc, qui ne comprenait pas à quel jeu l'on voulait jouer, demanda un éclaircissement ; mais on le laissa dire. Le Russe ne manquait pas d'une certaine autorité personnelle ; il trouva moyen de se faire écouter.

— « Délibérons tant qu'il vous plaira, dit-il d'un ton énergique ; mais il nous manque d'abord un président, ensuite un sténographe ou, du moins, un secrétaire.

— « J'accepte la présidence, répondit l'officier de l'armée française. J'ai déjà joué le rôle de président, et même avec quelque succès. » L'assemblée accepta cette acceptation. Rien n'est plus docile, au fond, que les assemblées.

Mais l'élection d'un secrétaire souleva de grandes difficultés. — « Vous verrez, disait le président, que le secrétaire ira vendre à M. Havas ou à M. Lejolivet le secret de nos délibérations. » On répondit que M. Lejolivet avait cessé de publier ses correspondances. Cependant, une bonne moitié de l'assemblée craignait les indiscrétions du procès-verbal.

Le président mit tout le monde d'accord en sonnant un des principaux employés de la maison. — « Avez-vous, lui dit-il, un muet parmi les garçons de l'hôtel ?

— « Oui, Monsieur. Comment donc !

— « En effet, il y a de tout, à l'*Hôtel du Louvre*. Veuillez donc nous envoyer ce phénomène. Il prendra note de nos discours, et son infirmité ne lui permettra pas d'en rendre compte à personne. »

Cinq minutes après, le secrétaire prenait place au bureau, sans avoir prêté serment.

— « Madame et Messieurs, dit le président, la séance est ouverte. De toutes les questions qui intéressent le repos de l'Europe, la question d'Orient est la plus urgente. L'homme malade agonise sur son lit de caïmés. La succession peut s'ouvrir d'un moment à l'autre. La parole est à l'homme malade, si toutefois il juge à propos de faire un testament. »

Tous les yeux se tournèrent vers le bon gros Turc qui sommeillait à demi en roulant les grains de son chapelet.

— « Quoi ? qu'est-ce ? murmura-t-il entre ses dents. Je ne suis pas malade ; j'ai bien dîné. »

Le président lui cria dans l'oreille : « Ce n'est pas vous qui êtes malade, c'est l'Empire ottoman que vous représentez ici au naturel. Voulez-vous faire un testament ?

— « Mais, reprit le Turc obstiné, puisque je ne suis pas malade !

— « Il ne s'agit pas de vous !

— « De qui donc ?

— « De l'Empire ottoman.

— « Ah !... Eh bien ?

— « Si nous étions l'Europe assemblée en Congrès... Comprenez-vous ?

— « Oui, oui.

— « Et si vous étiez le chef spirituel et temporel de l'Empire ottoman...

— « Vingt-trois millions d'hommes?

— « C'est cela. Quelles propositions feriez-vous à l'Europe?

— « Je serais bien ennuyé.

— « Vous auriez raison. Mais ne demanderiez-vous pas quelque chose?

— « Oui.

— « Quoi donc?

— « Je vous prierais de corriger mes Grecs qui m'ennuient, vos consuls qui me tracassent, et les Russes qui me retombent sur les bras.

— « Vous demandez l'impossible, homme malade. L'Europe a fait pour vous tout ce qu'elle pouvait faire. Elle a prolongé votre vie de cinq ans; le terme est expiré.

— « Ah! Alors donnez-moi un verre d'eau. »

Il but, bâilla trois fois, et prit la parole d'un ton ferme et doux.

— « Messieurs, dit-il, je n'ai plus d'argent, et mon papier n'a plus cours. Mes ministres ont inventé un nouvel impôt qui pourrait nous tirer d'affaire; mais personne ne consent à le payer. Mes soldats, n'étant ni chaussés ni nourris, ne veulent plus ni marcher ni se battre; me voilà donc sans défense contre les ennemis du dedans et du dehors. Les Grecs, qui sont en grand nombre dans mon Empire, et en majorité dans plusieurs provinces, se révoltent de tous côtés. Les vieux Turcs me tournent le dos, parce que j'ai signé un édit de tolérance; les Rayas et les Francs conspirent contre moi, parce que je n'exécute pas le Hatti-humayoum après l'avoir signé. La race turque s'amollit et s'éteint, je ne sais pour quelle cause. Les races conquises par Mahomet II et ses successeurs réclament impérieusement le droit de se gouverner elles-mêmes, et M. Saint-Marc-Girardin leur donne raison dans le *Journal des Débats*. Ce n'est pas tout : un ennemi puissant, que la France, le Piémont et l'Angleterre ont repoussé, non sans peine, il y a quelques années, s'apprête à recommencer la guerre et pousse activement les lignes de ses chemins de fer dans la direction de mes provinces. Que deviendrons-nous si les armées du Tzar repassent le Pruth ? M. le maréchal Pélissier, qui nous a tirés d'affaire en prenant Sébastopol, ne refuserait pas de nous sauver pour la seconde fois ; mais vous m'avez averti que l'Europe ne voulait plus rien faire. En présence de mes embarras, de mes dangers et de votre abandon, il ne me reste plus qu'à reconnaître avec soumission une fatalité irrésistible. Je pourrais cependant vous prouver que la Turquie n'est pas le pays de l'Europe qui a fait le moins de progrès depuis vingt ans ! Mais vous avez des idées arrêtées, et je prêcherais dans le désert. Je cède ; trop heureux s'il m'est permis de sauver quelque chose. Moi, commandeur des croyants, chef spirituel du peuple turc, maître temporel de vingt-trois millions d'hommes, j'ai résolu d'abdiquer le temporel et de me retirer dans la ville sainte de Médine, avec une centaine de femmes et quelques boisseaux de diamants. Assis sur un tapis de Smyrne, auprès du tombeau du Prophète, je donnerai l'exemple des vertus musulmanes et j'exercerai en paix l'autorité religieuse, laissant le reste à la disposition de l'Europe. »

Il dit, but un second verre d'eau, croisa les jambes sur sa chaise et s'endormit profondément.

Le moine italien se frotta les mains en riant d'un gros rire.

— « Bravo ! dit-il, en voilà un qui rend ses Romagnes ! Avez-vous vu la grimace qu'il a faite ? Le doigt de Dieu l'a frappé parce qu'il était Turc. Nos ennemis seront foulés aux pieds comme des tabourets : *Inimicos tuos, scabellum pedum tuorum!*

— « Révérend! interrompit l'officier français, vous remarquerez qu'il a donné sa démission en gentleman accompli, sans excommunier personne. »

Le moine rentra un instant en lui-même, car il avait un fond de bonhomie et revenait volontiers sur ses erreurs.

— « Mes chers enfants, reprit-il d'un ton radouci, l'observation de notre honorable président me donne à penser. Plût à Dieu que toutes les personnes de ma robe ouvrissent une oreille aux réflexions des sages! Si j'étais!... Mais, au fait, je le suis pour toute la soirée, puisque je le représente dans ce congrès. Je vais vous parler en son nom. »

Il se pencha vers le Turc endormi, le baisa sur les deux joues et poursuivit:

— « Oui, mes enfants, l'exemple de ce ronfleur m'a touché jusqu'au fond de l'âme. Il ne sera pas dit qu'un Turc s'est montré plus raisonnable et plus humain qu'un Pape. Je sais bien que plusieurs cardinaux désapprouveront ma conduite, mais tant pis! Je n'ai écouté que trop docilement les casse-cous du Sacré-Collége. C'est eux qui me forçaient de conserver mon pouvoir absolu, parce qu'ils trouvaient agréable de l'exercer sous mon nom. J'ai fermé l'oreille à des conseillers bien plus sages et plus désintéressés, qui voulaient ajouter un avis salutaire à tous leurs autres bienfaits. *Meâ culpâ, meâ maximâ culpâ!*

« Si, du moins, mes terribles ministres m'avaient permis d'écouter la voix de mon cœur! Dieu m'est témoin que je ne suis ni méchant, ni sanguinaire, ni entêté de mon autorité temporelle. J'ai abdiqué spontanément quelques-uns de mes priviléges, lorsque je suis monté sur le trône. L'histoire attestera que mon premier mouvement a été bon.

« Aujourd'hui même que vous blâmez tous en moi une

obstination déraisonnable, la raison me dit que les deux pouvoirs réunis entre mes mains se détruisent l'un l'autre.

« On m'accuse de dédaigner les leçons de l'expérience. Eh! mes chers enfants, je la crois lorsqu'elle me dit que les trois millions d'hommes soumis à mon sceptre n'obéissent que par contrainte.

« On me croit bien entiché de ma petite armée! comme si la nécessité des restaurations violentes et de l'occupation étrangère ne m'avait pas fait sentir, depuis longtemps, qu'un Pape ne peut plus régner par ses propres forces!

« On va jusqu'à dire que la vie des hommes n'est d'aucun prix à mes yeux, pourvu que mes droits soient protégés. Hélas! mon cœur me reproche deux fois par jour le sang qu'on a répandu pour me rendre ou me conserver ma couronne.

« C'est pourquoi, mes très-chers fils, je veux revenir à l'auguste simplicité de l'apôtre Pierre, qui ne perdit jamais les Romagnes, parce qu'il ne les posséda jamais. Mon unique ambition est de régner modestement sur cent trente-neuf millions d'âmes. Je dis cent trente-neuf parce que nous sommes entre nous; on dit deux cents lorsqu'il y a du monde. Et je conduirai cent trente-neuf millions de fidèles dans le chemin du paradis, sans faire égorger personne!

« Reprenez aussi, je vous en prie, ces quatre millions d'hectares que je n'ai su ni administrer ni cultiver. La terre produira de belles récoltes : elle se repose depuis assez longtemps.

« Faites-moi bâtir une chaumière à Jérusalem, avec une chambre au second étage pour le cardinal Antonelli. Il me manquerait quelque chose si je ne le sentais plus au-dessus de moi.

« Plus la maison sera petite, comme disait le premier ournaliste de notre siècle, plus le Pontife sera grand.

« Là, délivrés des soucis de la terre, nous nous adonnerons au soin des intérêts spirituels, qui ont un peu souffert par notre faute. Nous rafraîchirons le dogme, qui se fait vieux. Nous rédigerons un nouveau code de morale chrétienne : le dernier date du moyen âge et n'est plus de saison. Nous expurgerons les livres saints, pour que chacun puisse les lire.

« M. Dupanloup viendra nous voir de temps en temps; nous lui enseignerons la modestie du prêtre et la politesse de l'homme du monde. Si même vous construisiez une petite cage au fond du jardin, je ne désespérerais pas d'apprivoiser Veuillot.

« Cependant l'Italie, rendue à elle-même, se consolera peu à peu du mal que nous lui avons fait. Elle construira des chemins de fer, elle posera des fils télégraphiques, elle établira des manufactures, elle imprimera de bons livres : ce qui ne s'était pas vu depuis longtemps.

« Et notre bien-aimé fils le roi de Sardaigne, guéri du coup de foudre que nous avons lancé dans ses jambes, vaquera comme devant à ses fonctions naturelles. Amen ! »

L'auditoire admira ce grand acte de renoncement évangélique et inattendu. On fut touché de voir un excellent homme dépenser en quelques minutes les trésors de justice et de charité qu'il économisait depuis si longtemps. Le sous-officier de l'armée sarde courut au vieux moine romain et l'accola de toutes ses forces.

Mais déjà le jeune représentant de l'Autriche s'était saisi de la parole avec une vivacité bien naturelle à son âge.

— « J'accepte, cria-t-il, l'héritage du Saint-Siége en Italie ! J'accepte la succession du Sultan ! J'accepte tout ! C'est la tradition de la politique autrichienne ! »

Mais il vit que le grand capitaine de l'armée française souriait finement en frisant sa moustache, et il reprit d'un ton plus retenu :

— « Si toutefois l'Europe y trouvait à redire, je n'accepterais rien du tout. Car mes affaires sont dans un tel état, que je ne saurais plus imposer mes volontés par la force.

— « *My dear child*, lui dit la belle dame de Londres, souffrez qu'une mère de famille vous donne un sage conseil. Mon peuple ne vous veut ni bien ni mal, et il l'a prouvé en s'abstenant de vous attaquer et de vous défendre. L'Angleterre vous a laissé aux prises avec les Français et les Italiens; c'était un acte de bonne politique. A ce prix, nous sommes restés les alliés de la France, les protecteurs *in partibus* de la liberté italienne, et vos amis, sans qu'il nous en ait coûté ni un homme ni un shelling. Le bon avis que je vous offre ne compromettra ni mon budget ni ma neutralité. Croyez-moi, *my dear child*, ne cherchez plus à vous agrandir. La fureur des annexions a perdu la maison d'Autriche, comme la manie de la propriété a ruiné le grand et excellent Lamartine. Lamartine et vous, vous êtes au-dessous de vos affaires, malgré ou plutôt par l'étendue de vos domaines. Que fait Lamartine? Il met ses terres en adjudication pour payer honorablement ses dettes. Tâchez que cet exemple vous profite. Si vous ne prenez un grand parti, vite et tôt, vous régnerez prochainement à Clichy : la *Revue des Deux-Mondes* l'a prouvé dans son numéro du 15 mars. Hâtez-vous donc de vendre quelques bonnes pièces de terre pour lever les hypothèques qui grèvent le reste de vos États. Vendez la Vénétie aux Italiens, la Hongrie aux Hongrois, la Gallicie aux Polonais. Il vaut mieux vendre à l'amiable que par voie d'expropriation.

— « Qui donc pourrait m'exproprier ? demanda le jeune Autrichien avec une fierté juvénile.

— « Mais tout le monde, ou à peu près. La Gallicie a failli se racheter elle-même en 1846. La Hongrie s'est bel et bien rachetée en 1849. L'acte fut signé pardevant maître

Kossuth, qui solda le prix de vente en monnaie de fer et d'acier. Qu'avez-vous obtenu en échange de la Lombardie? Des coups de baïonnette et des boulets de canon. Il s'en est fallu de bien peu que Venise ne changeât de maître au même prix.

— « Venise est encore à moi !
— « Parce qu'un Français vous l'a laissée.
— « La Hongrie est à moi !
— « Parce qu'un Russe vous l'a rendue.
— « La Gallicie est à moi !
— « Eh ! tant pis pour vous. Je voudrais que vous eussiez moins de sujets, car vous auriez moins d'ennemis. Consultez votre ministre des finances : il vous dira ce qu'il en coûte tous les ans pour entretenir et réparer le joug d'une nation asservie. Si vous passiez un bon contrat avec vos opprimés, tout le monde y gagnerait, et vous-même plus que personne. Vous esquiveriez la honte d'une banqueroute, vous payeriez vos dettes, il vous resterait, tout compte fait, quelques jolis millions d'argent blanc. Et vous les emploieriez à l'amélioration d'un petit domaine bien tranquille, bien allemand, que personne ne vous disputerait plus. Mais quand je vous vois chercher dans l'héritage du Pape et du Sultan un remède à votre détresse, je vous compare à un fils de famille criblé de dettes, qui accepterait la succession de deux hommes insolvables. »

Le jeune Allemand ne répondit ni oui ni non, suivant l'usage de la diplomatie autrichienne. Il remercia la belle et généreuse conseillère qui avait si bien parlé, et demanda timidement si la Valachie et la Moldavie ne lui seraient pas données en prix de sagesse. Ces deux riches provinces allaient rester sans maître.

— « Elles en ont un tout trouvé, répondit le capitaine français. Le maître de la Valachie et de la Moldavie est le peuple moldo-valaque. Le temps n'est plus où les nations devaient appartenir à quelqu'un, sous peine d'être arrêtées pour délit de vagabondage. Ce n'est plus pécher contre le droit des gens que de s'appartenir à soi-même. Ainsi raisonnent le peuple français et la nation anglaise, et la plus noble moitié de l'Italie et le joli petit peuple moldo-valaque. Peut-être un jour ce principe sera-t-il reconnu dans toute l'Europe, comme il l'est déjà dans toute l'Amérique du Nord. Je ne désespère pas de voir tous les peuples majeurs, c'est-à-dire parvenus à l'âge viril, choisir librement leurs magistrats suprêmes, comme la France m'a choisi.

— « Bon ! s'écria le sous-officier piémontais, j'accepte le principe et je pars du pied gauche. Les Italiens sont-ils majeurs dans les États de l'Église ? »

Une discussion s'éleva sur ce point. Les deux jeunes gens de Vienne et de Naples prétendirent qu'à l'exception des sujets sardes, tous les Italiens étaient mineurs en politique; qu'ils l'avaient bien prouvé par leurs folies en 1848, et que l'Europe avait dû, par mesure de sûreté, les remettre en tutelle. Mais le Piémontais cita les beaux exemples de modération, de patience, d'union, d'esprit de conduite que ces mêmes peuples avaient donnés depuis un an, et le congrès fut obligé de reconnaître que l'Italie centrale était devenue grande personne.

— « Ceci posé, reprit le sous-officier de cavalerie, j'espère que l'Europe va laisser carte blanche aux anciens sujets de l'Église. Vous n'avez plus le droit de leur montrer le chemin, puisqu'ils sont assez grands pour se conduire. Ouvrez le scrutin, consultez les populations, laissez les gens courir où le cœur les pousse, et je parie ma pipe et mon sabre qu'avant trois jours ils seront tous avec nous !

— « Sainte Vierge ! cria le jeune Napolitain. Mais, à ce compte, mon trône ne tiendra pas longtemps. Je connais le peuple des Deux-Siciles, car je l'ai vu deux ou trois fois par la fenêtre de mon palais. Il ne désire rien tant que d'échapper à ses maîtres. Ne le consultez pas, ou je suis perdu. »

On rassura l'enfant par de bonnes paroles. Le sous-officier, aussi loyal que brave, promit de ne lui faire aucun mal et de se conduire en honnête voisin.

— « Eh ! que m'importe ! reprit-il en larmoyant. Vous serez mon voisin, et vos peuples seront libres. Quel exemple pour mes sujets ! Il n'y a pas de cordon sanitaire qui arrête la contagion des idées. Il n'y a pas de montagnes si hautes que ce maudit nom de liberté ne franchisse en un jour, car il a les ailes de l'aigle ! »

Il s'essuya les yeux et reprit d'un ton plus résolu :

— « Allons ! mes intérêts personnels sont en jeu ; c'est le moment d'invoquer l'intérêt public. Le Saint-Père ne peut pas, ne doit pas abdiquer son pouvoir temporel. Le territoire qu'il s'est fait de bric et de broc est indispensable à son autorité spirituelle : M. Thiers l'a fort bien prouvé dans le temps. Le père commun des catholiques, l'héritier de Simon Barjone, n'aurait plus de crédit dans l'assemblée des fidèles s'il n'était plus seigneur de trois millions d'Italiens et de quatre millions d'hectares, s'il ne commandait plus à une mauvaise armée de 15,000 hommes et s'il ne tirait plus la loterie tous les samedis. Il n'y a pas d'autorité sans royaume, pas de spirituel sans temporel, et Jean sans Terre aujourd'hui ne serait plus qu'un Jean-Fesse !.... Passez-moi le mot en faveur de l'intention.

— « Vous vous trompez, Monsieur de Naples, répondit le grand Américain. Un diplomate de mon pays, M. O'Sullivan, a publié en bon français, chez M. Dentu, une brochure intitulée : *la Question de la Papauté envisagée sous un point de vue nouveau*. Lisez ce document ; il n'est pas rédigé de manière à ennuyer le lecteur. Vous y apprendrez bien des choses, et entre autres celle-ci. Le Congrès des États-Unis, ce sacré-collége de la liberté, qui règle les affaires politiques de trente et un millions d'hommes, n'a jamais voulu de territoire. Il se contente de la modeste capitale de Washington et d'une banlieue de quatre ou cinq lieues carrées dont il a aliéné volontairement une partie en 1846. Les habitants de Washington, soumis à l'autorité immédiate du Congrès, ne jouissent d'aucun droit politique. Ils n'envoient pas même un député à la représentation nationale. Ils ont renoncé patriotiquement à toutes les libertés dont nous jouissons en Amérique. Un régime municipal très-doux, les avantages matériels qui leur reviennent de la présence du gouvernement, et la dignité exceptionnelle de leur position centrale, les dédommagent de tout ce qui leur manque. Ils vivent précisément dans la condition qui serait imposée aux habitants de Jérusalem, si l'on sacrifiait cette ville au gouvernement du Pape. Quant au Congrès fédéral des États-Unis, je puis vous assurer qu'il délibère à Washington avec autant et plus d'indépendance que s'il avait le droit d'immoler trois millions d'hommes à ses menus plaisirs, sur un autel de quatre millions d'hectares. »

Le jeune homme de Naples répondit que l'Amérique n'était pas l'Italie. C'est ainsi que l'on répond, toutes les fois qu'on n'a rien à répondre.

L'assemblée passa outre et décida que le sous-officier piémontais annexerait les États de l'Église, après avoir consulté les populations. Le président, excellent homme au fond, malgré son flegme apparent, s'efforça de consoler le jeune Napolitain.

— « Mon cher enfant, lui dit-il, je crois bien, qu'en effet, les lois piémontaises sont plus libérales que les vôtres, et il est à craindre que vos sujets ne soient choqués d'un tel contraste. Parez le coup; vous le pouvez mieux que personne, étant maître absolu. Le despotisme a cela d'admirable qu'il permet à un homme de bonne volonté de faire beaucoup de bien en peu de temps. Changez la Constitution de votre pays, ou, pour mieux dire, octroyez-lui une Constitution. Si peu que vous fassiez pour le peuple des Deux-Siciles, il sera pénétré de reconnaissance, car vos devanciers ne l'ont jamais gâté. Corrigez quelques abus, démolissez quelques prisons, économisez quelques bastonnades, congédiez cinq ou six mille agents de police : il en restera toujours assez. A ce prix, vous avez l'espoir de régner encore cinq ou six mois, ce qui est bien joli pour un Bourbon. Voilà l'Italie constituée ; elle sera Piémontaise avant le 1er janvier de l'année prochaine ; revenons à l'Empire ottoman.

— « J'y reviendrai d'autant plus volontiers, dit le Russe, qu'on revient toujours à ses premières amours. »

Ce Russe était un bel homme de quarante-deux ans, noble prestance et figure ouverte. Il parlait le français comme un Tourangeau. Son accent ne manquait ni de fermeté, ni de grâce. On l'écouta donc avec complaisance, et même, je dois l'avouer, avec une certaine sympathie.

— « Madame et Messieurs, dit-il, les États du sultan sont privés de leur souverain. Loin de moi la pensée d'humilier les sujets de notre frère circoncis ! Mais tout le monde conviendra qu'ils sont mineurs, très-mineurs et beaucoup trop jeunes pour se gouverner eux-mêmes. C'est un travail dont je me chargerais volontiers, si l'Europe le trouvait bon. »

Cette ouverture, quoiqu'elle ne fût pas imprévue, souleva des réclamations assez vives. L'Autrichien, le Napolitain et même le Prussien qui n'avait encore rien dit, se récrièrent tout d'une voix : On parla d'un certain testament que les souverains de Pétersbourg exécutaient un peu trop à la lettre. On alla jusqu'à dire que la Russie d'Alexandre II, comme l'Espagne de Philippe II et la France de

Louis XIV aspirait à la monarchie universelle. Cependant, comme on s'était assemblé dans un esprit de justice et de modération, et comme tout le monde était sans armes, la majorité s'accorda à reconnaître que la plupart des souverains de la Russie, depuis Pierre le Grand, avaient assez utilement servi la cause du progrès. Ils avaient créé autour d'eux et propagé par voie de conquête un ordre de choses intermédiaire entre la barbarie et la civilisation. C'était servir les intérêts de l'humanité que d'entraîner les sauvages du fleuve Amour dans le courant de la vie européenne. La Russie était venue chercher nos arts et nos sciences pour les introduire à grands coups de canon chez les peuplades les plus réfractaires. Il aurait été injuste de lui reprocher une ambition si utile au monde.

L'honnête Moscovite entraîna les plus récalcitrants en exposant avec une éloquente simplicité l'histoire des conquêtes de la Russie. Il n'eut pas de peine à prouver que le colosse du Nord ne marchait pas sur l'Europe, mais pour l'Europe ; que le but de son ambition, si souvent calomniée, n'était pas de donner le knout aux danseuses de l'Opéra ni de dévorer des paquets de chandelles sur les tables de la maison d'Or, mais bien d'humaniser l'Orient barbare; qu'il ouvrait à nos idées et à nos produits des routes inconnues, et qu'on pouvait le considérer comme le maréchal-des-logis de la civilisation.

Le Congrès avoua, de bonne foi, qu'il avait parlé juste. Peu s'en fallut qu'on n'annexât d'un seul coup l'Empire turc à la Russie.

Mais la belle et gracieuse dame de Londres, de la maison Purse, Pocket et C°, fit observer que son peuple aussi était un puissant véhicule de nos idées et de notre industrie; d'autant plus puissant que les Anglais ne sauraient tenir en place, et qu'ils emportent avec eux, dans soixante-deux caisses et quatre-vingt-dix-sept cartons, un échantillon de tous les produits de leurs pays.

— « Souvenez-vous, dit-elle, que l'Anglais le plus indigent voiture jusqu'au bout du monde une civilisation, non pas ébauchée, mais parfaite, avec les tartans, les indiennes, les faïences peintes, les pastilles de menthe, les canifs à douze lames et tous les instruments du progrès ! » Ce point n'était pas contestable.

Tel était, d'ailleurs, le désintéressement de toutes les puissances présentes, que personne ne refusa de donner à l'Angleterre et à la Russie une portion de l'Empire vacant. On pria la belle dame de se charger de l'Égypte, et elle voulut bien accepter la donation, sauf à prendre l'avis du Parlement. Elle craignait de rencontrer une vive opposition chez lord John Russell et M. Kinglake, qui ont l'habitude de se fâcher tout rouges au seul mot d'annexion. Lord Palmerston lui-même pouvait susciter quelques embarras en dehors de toute question de principes, si le valet de chambre de sa seigneurie lui avait chaussé un bas à l'envers.

— « Dans le cas où tout s'arrangerait à l'amiable, ajouta la bonne dame, je vous promets que le percement de l'isthme de Suez s'accomplirait désormais sans aucune difficulté : car la grande et généreuse nation anglaise est incapable d'entraver un projet d'utilité générale, lorsqu'il s'exécute à son profit. Ce n'est pas tout : les forteresses maritimes de Corfou, de Malte et de Gibraltar ne m'étant plus nécessaires, je m'empresserai d'en faire l'abandon : trop heureuse de renverser cette insolente et despotique barrière de Gibraltar et de rendre à l'Europe les clef de la Méditerranée ! »

On applaudit, et l'on se demanda comment l'Europe avait pu être assez sotte ou assez lâche pour laisser, durant quarante-cinq ans, les clefs d'une mer européenne aux mains de quelques insulaires de l'Océan.

Le bon Russe déclara qu'il ne se laisserait pas vaincre en générosité. Il ne consentit à prendre aux Turcs que les provinces réellement barbares, puisqu'elles étaient les seules où la domination russe pût être un bien.

Il n'accepta ni Constantinople, ni les provinces de la Turquie d'Europe, ni même l'Asie-Mineure, alléguant que la nation grecque, qui est en force dans ces pays, devait disposer librement d'elle-même et se choisir un souverain.
— « Les Grecs, dit-il, sont aussi éclairés, pour le moins, et aussi civilisés que les Russes. Il ne faut pas juger la nation sur cet avorton de royaume que l'Europe a ébauché après 1830. Organisez un grand État, qui aura sa capitale à Constantinople ; placez-y un empereur choisi par la nation dans n'importe quelle maison d'Europe, excepté dans la mienne, et vous verrez bientôt dix millions de citoyens marcher comme un seul homme dans la voie du progrès ! »

Le Napolitain prit la parole pour demander si l'orateur était sincère. Ce jeune homme, élevé à l'école du droit divin chez les RR. PP. jésuites de Naples, s'étonnait qu'on pût plaider sans arrière-pensée la cause d'un peuple.

— « Sincère ? répliqua le Russe avec un généreux emportement. Vous allez voir à quel point je suis sincère ! Un verre de *kummel*, je vous prie. Depuis tantôt quarante années, les alarmistes de l'Occident se figurent que la Russie va descendre sur l'Europe, comme on vous faisait croire en l'an 48 que les faubourgs allaient descendre sur Paris. Eh bien ! je veux guérir les bonnes gens de cette terreur puérile. Je demande que l'Europe élève une barrière infranchissable entre elle et nous. Ressuscitons d'un commun accord cette belle nation polonaise, ce peuple chevaleresque entre tous, que la diplomatie et la guerre ont sacrifié tant de fois sans jamais abattre son courage ! Que la Pologne renaisse de ses cendres ! Quelle soit grande ! qu'elle soit forte ! Quelle touche par le Nord à la Baltique, par le Sud à caisses et quatre-vingt-dix-sept cartons, un échantillon de tous les produits de leurs pays.

— « Souvenez-vous, dit-elle, que l'Anglais le plus indigent voiture jusqu'au bout du monde une civilisation, non pas ébauchée, mais parfaite, avec les tartans, les indiennes, les faïences peintes, les pastilles de menthe, les canifs à douze lames et tous les instruments du progrès ! » Ce point n'était pas contestable.

Tel était, d'ailleurs, le désintéressement de toutes les puissances présentes, que personne ne refusa de donner à l'Angleterre et à la Russie une portion de l'Empire vacant. On pria la belle dame de se charger de l'Égypte, et elle voulut bien accepter la donation, sauf à prendre l'avis du Parlement. Elle craignait de rencontrer une vive opposition chez lord John Russell et M. Kinglake, qui ont l'habitude de se fâcher tout rouges au seul mot d'annexion. Lord Palmerston lui-même pouvait susciter quelques embarras en dehors de toute question de principes, si le valet de chambre de sa seigneurie lui avait chaussé un bas à l'envers.

— « Dans le cas où tout s'arrangerait à l'amiable, ajouta la bonne dame, je vous promets que le percement de l'isthme de Suez s'accomplirait désormais sans aucune difficulté : car la grande et généreuse nation anglaise est incapable d'entraver un projet d'utilité générale, lorsqu'il s'exécute à son profit. Ce n'est pas tout : les forteresses maritimes de Corfou, de Malte et de Gibraltar ne m'étant plus nécessaires, je m'empresserai d'en faire l'abandon : trop heureuse de renverser cette insolente et despotique barrière de Gibraltar et de rendre à l'Europe les clef de la Méditerranée ! »

On applaudit, et l'on se demanda comment l'Europe avait pu être assez sotte ou assez lâche pour laisser, durant quarante-cinq ans, les clefs d'une mer européenne aux mains de quelques insulaires de l'Océan.

Le bon Russe déclara qu'il ne se laisserait pas vaincre en générosité. Il ne consentit à prendre aux Turcs que les provinces réellement barbares, puisqu'elles étaient les seules où la domination russe pût être un bien.

Il n'accepta ni Constantinople, ni les provinces de la Turquie d'Europe, ni même l'Asie-Mineure, alléguant que la nation grecque, qui est en force dans ces pays, devait disposer librement d'elle-même et se choisir un souverain.

— « Les Grecs, dit-il, sont aussi éclairés, pour le moins, et aussi civilisés que les Russes. Il ne faut pas juger la nation sur cet avorton de royaume que l'Europe a ébauché après 1830. Organisez un grand État, qui aura sa capitale à Constantinople ; placez-y un empereur choisi par la nation dans n'importe quelle maison d'Europe, excepté dans la mienne, et vous verrez bientôt dix millions de citoyens marcher comme un seul homme dans la voie du progrès ! »

Le Napolitain prit la parole pour demander si l'orateur était sincère. Ce jeune homme, élevé à l'école du droit divin chez les RR. PP. jésuites de Naples, s'étonnait qu'on pût plaider sans arrière-pensée la cause d'un peuple.

— « Sincère ? répliqua le Russe avec un généreux emportement. Vous allez voir à quel point je suis sincère ! Un verre de *kummel*, je vous prie. Depuis tantôt quarante années, les alarmistes de l'Occident se figurent que la Russie va descendre sur l'Europe, comme on vous faisait croire en l'an 48 que les faubourgs allaient descendre sur Paris. Eh bien ! je veux guérir les bonnes gens de cette terreur puérile. Je demande que l'Europe élève une barrière infranchissable entre elle et nous. Ressuscitons d'un commun accord cette belle nation polonaise, ce peuple chevaleresque entre tous, que la diplomatie et la guerre ont sacrifié tant de fois sans jamais abattre son courage ! Que la Pologne renaisse de ses cendres ! Qu'elle soit grande ! qu'elle soit forte ! Qu'elle touche par le Nord à la Baltique, par le Sud à la mer Noire; et les trembleurs de l'Occident cesseront peut-être de nous craindre, lorsqu'ils seront protégés contre l'invasion slave par un rempart de Slaves ! »

Une explosion d'enthousiasme accueillit ce généreux dessein. On se serra les mains, on s'embrassa, on pleura de tendresse, à la seule idée de voir renaître le grand peuple polonais.

— « En cédant une partie de mes États, poursuivit le Russe, je ne fais rien que de juste et de naturel. Le jour où la Sardaigne s'est agrandie par l'annexion des provinces voisines, elle a cru devoir offrir spontanément à la France une garantie territoriale. Le jour où la Russie devient plus grande, et, partant, plus redoutable, elle doit faire un petit sacrifice à la sécurité de l'Europe. La Pologne s'étendra, comme autrefois, jusqu'à la Baltique. Elle n'a jamais eu de ports sur la mer Noire; mais je lui cède la Bessarabie, dans son intérêt et dans le vôtre. Elle sera la voisine et l'alliée naturelle de l'État moldo-valaque. Elle trouvera un autre appui dans la Hongrie indépendante et forte de dix millions d'hommes. Le Monténégro, la Bosnie et la Servie obtiendront aussi le plein exercice de leur liberté, et tous ces nouveaux États, solidement unis par le souvenir de leurs malheurs, formeront, entre l'Europe et nous, la sainte ligue des nations ressuscitées.

«Le jeune Empire grec embrassera le reste de la Turquie d'Europe, la Grèce actuelle, les îles Ioniennes, généreusement restituées par l'Angleterre, l'Asie-Mineure et les îles grandes et petites jusqu'à Rhodes inclusivement. Ainsi constitué, il s'élèvera, en quelques années, au second ou au troisième rang parmi les puissances maritimes.

« Quant à nous, pauvres demi-barbares que nous sommes, nous nous jetterons en pionniers à travers ce fouillis de nations qui remplit le centre de l'Asie. Nous défricherons l'Arménie, le Kourdistan, la Perse, le Caboul et le

Béloutchistan. Si loin que nous poussions les aventures, l'Europe n'a rien à y perdre; elle ne peut qu'y gagner, puisque nous lui servons d'avant-garde. Si vous êtes contents de nous l'an prochain, vous nous donnerez la Syrie pour nos étrennes; c'est un pays aride et sans ressources, une côte ensablée où l'on ne saurait construire aucun port militaire. Si je tiens à obtenir ce désert de nulle valeur, c'est pour offrir à mes concitoyens une sorte de petite Provence où ils viendront se dégeler le nez après les hivers de Pétersbourg. »

La demande était si modeste et si bien motivée, qu'on l'accorda séance tenante. Le nouvel acquéreur de la Syrie et la nouvelle propriétaire de l'Égypte se donnèrent une vigoureuse poignée de main en signe d'amitié et de bon voisinage.

Mais le sage et honnête Prussien, qui se taisait depuis longtemps, leva le nez comme un chevreuil qui évente la meute, et flaira l'air avec une inquiétude visible.

— « Messieurs, dit-il, j'ai entendu parler d'une reconstitution de la Pologne. Auriez-vous, par hasard, l'intention de me reprendre le grand-duché de Posen? »

On lui répondit par un silence qui n'avait pas besoin de commentaire.

— « En vérité, Messieurs, reprit-il, voilà, vous en conviendrez, un singulier enchaînement! Parce que le sultan des Turcs n'a pas le sou, il faut que l'Arménie et dix autres pays tombent aux mains des Russes. Parce que les Russes s'agrandissent en Asie, il faut reconstituer la Pologne. Et parce que la Pologne renaît de ses cendres pour la plus grande sécurité de l'Occident, je dois perdre une des plus belles provinces de mon royaume! »

Le président lui répondit :

— « A Dieu ne plaise que l'on vous arrache le grand-duché de Posen sans vous offrir aucune compensation! Ces brutalités étaient permises autrefois, ou du moins tolérées : témoin la conquête de la Silésie, et tant d'autres événements du même genre. Aujourd'hui, Monsieur, la justice, le progrès, l'intérêt des nations, sont les principes qui gouvernent la politique. Si nous désirons racheter quelques provinces à l'Autriche, c'est dans l'intérêt de ces provinces et pour le bien de l'Autriche elle-même, qui sera plus riche et plus libre, ayant moins de peuples à mécontenter. Si nous vous demandons le sacrifice de vos possessions polonaises, c'est pour la tranquillité générale de l'Europe et pour le bien particulier d'une pauvre nation qui a beaucoup souffert. Mais la monarchie prussienne, en vertu des mêmes raisons, peut s'agrandir en Allemagne. Le moyen âge a laissé autour de vous une multitude d'États microscopiques, découpés, au gré du hasard, dans une seule et même nation. Réunissez en un tout ces malheureuses petites monarchies. Consultez les peuples : ils seront trop heureux de se fondre dans un grand royaume et d'économiser ainsi 90 pour cent sur les frais généraux du gouvernement. Dès que l'opinion publique se sera prononcée, annexez hardiment, arrondissez-vous, prenez du corps. Vous avez le levier et le point d'appui : le levier, c'est le suffrage universel ; le point d'appui, c'est une bonne armée. Il ne faut rien de plus pour enlever une province : Archimède l'a dit avant nous. Ce système d'annexion sera bien vu de tout le monde, mais surtout des nouveaux sujets de la Prusse.

—« En effet, poursuivit le citoyen de New-York ; y a-t-il rien de plus triste et de plus déplorable que le spectacle d'un demi-million d'hommes ou même de six mille habitants réduits à se priver du nécessaire pour subvenir au faste d'une petite cour ridicule ? C'est pourtant ce qu'on voit partout en Allemagne ! C'est ce que l'Europe a permis, ce que les traités ont sanctionné par respect pour l'antiquité des abus et sans aucune nécessité politique ! Tout républicain que je suis, je comprends le gouvernement monarchique. Il simplifie bien des choses et il ajoute un certain prestige aux nations qui sont assez riches pour le payer. C'est un gouvernement de luxe. La France, l'Angleterre, la Russie, la Prusse, ont le moyen de se passer ce luxe-là. Peut-être bien nous-mêmes nous le donnerons-nous le jour où les représentants des États de l'Union ne parviendront plus à s'entendre. Mais qu'une petite agglomération d'hommes pauvres entreprenne de nourrir un prince ou un duc et tous les parasites qui l'environnent, c'est un abus pitoyable. Que penseriez-vous d'un balayeur irlandais qui se donnerait le luxe d'un intendant? C'est pourquoi, cher monsieur, je vous conseille d'annexer les petits États féodaux de votre voisinage. Les hommes de bon sens vous applaudiront à deux mains.

— « Est-il possible ? demanda le Prussien plus d'à moitié convaincu. Mais que diront les souverains dépossédés?

— « Ils protesteront, selon toute apparence. Il y a des modèles de protestations toutes faites, et assez bien faites, qui circulent dans l'Europe. J'en fais collection, moi qui vous parle, pour laisser à mes enfants quelques échantillons de la vieille absurdité monarchique. Mais de la protestation à la restauration, il y a l'épaisseur de plusieurs Ortegas. L'univers est tellement accoutumé à entendre crier les victimes du progrès, qu'il ne s'émeut plus de leurs cris. Souvenez-vous du moyen âge et de cette poussière de tyranneaux qui couvrait la surface de l'Europe. Ce petit monde croyait régner légitimement et abuser de la patience des hommes par la grâce de Dieu. Mais quelques bonnes révolutions, monarchiques ou autres, ont débarbouillé la terre de toute cette féodalité. Les ducs, les marquis, les comtes ont crié au brigandage ou au despotisme, suivant le cas ; mais le gosier se fatigue à la longue, et ils se sont tus. Ils ont vu qu'on pouvait vivre décemment sans duché, ni comté, ni marquisat, et qu'une couronne, un peu ridicule sur la tête d'un monsieur, faisait très-bon effet sur la portière d'une voiture. Soyez sûr que vos petits voisins du nord de l'Allemagne montreront même philosophie après avoir éprouvé même fortune. D'ailleurs, rien ne vous empêche de les indemniser en espèces sonnantes. S'il se trouve parmi eux des hommes capables et zélés, vous pourrez leur donner quelques honnêtes emplois, quelques bonnes préfectures décorées du nom de vice-royauté. Avec leurs places, leurs pensions et les titres qu'on peut leur laisser sans inconvénient, ils feront de beaux mariages.

— « Et, d'ailleurs, ajouta l'honnête Prussien, entraîné par cette logique, il est temps de proclamer en Allemagne le principe de la souveraineté nationale. Un peuple n'appartient qu'à lui-même ; donc, il a le droit de se donner. Je ferai voter les populations dès que je me serai assuré de leur assentiment. Les princes s'abusent étrangement lorsqu'ils se croient les propriétaires de la nation ; ils ne sont que sa propriété. Fasse le ciel que j'appartienne bientôt à toute l'Allemagne du Nord ! Je jure d'obéir fidèlement à la majorité de mes sujets, pourvu qu'elle ne me commande que des choses agréables ; et je remercie l'Europe, qui m'a fourni cette belle occasion de servir les hommes !

— « Puisque vous êtes si bien disposé, poursuivit l'Américain, nous n'aurons pas de peine à simplifier la carte d'Allemagne. D'une part, un royaume de Prusse, un royaume de Hanovre, et, si l'on y tient beaucoup, un royaume de Saxe. De l'autre, un Wurtemberg, une Bavière et une jolie petite Autriche. Le travail des géographes sera, désormais, beaucoup moins compliqué. On pourrait même vous décerner en bloc l'Empire d'Allemagne, si vous vous engagiez à proclamer chez vous les principes de 89.

— « Halte-là ! s'écria le Prussien, juste et consciencieux.

L'ambition n'est pas le guide de ma conduite, et je ne veux pas qu'on puisse me méjuger un seul instant. Pour couper court aux mauvais propos, je veux, avant toute annexion, rendre à la France mes provinces françaises situées sur la rive gauche du Rhin. »

Le grand capitaine français refusa le présent qu'on voulait lui faire. — « Il est vrai, dit-il; que la géographie nous avait donné le Rhin pour limite ; mais la diplomatie en a décidé autrement. La France, telle que nos ennemis l'ont faite il y a quarante-cinq ans, est assez grande pour n'avoir besoin de rien et assez forte pour ne craindre personne. Moi-même, j'ai pour habitude de lire le *Times* tous les matins, et rien ne m'est plus désagréable que de m'y voir traité d'ambitieux. Si j'adhérais au projet de rectification proposé par la Prusse, le *Times* pousserait de beaux cris. On dirait que les lauriers de mon oncle le lieutenant m'empêchent de dormir. Les correspondants de l'*Indépendance belge* se tourneraient eux-mêmes contre moi, car la Belgique se croirait menacée.

— « Mais, interrompit la belle dame de Londres, où serait donc le mal, quand vous annexeriez la Belgique ? Les Belges sont des Français, un peu plus spirituels que les autres. D'ailleurs, il y a un parti français en Belgique. Les grandes familles des deux pays sont unies par les liens les plus étroits, et je pense que les Mérode, par exemple, ne vous sont pas moins dévoués que les Montalembert !

— « Il est vrai, reprit le grand capitaine avec son sourire tranquille, mais je me suis promis d'être le moins conquérant des hommes. J'ai fait la guerre en Crimée pour les Turcs, en Italie pour les Italiens ; je suis prêt à la faire encore, s'il le faut absolument, dans l'intérêt de quelque grand principe. Mais je veux mourir à Sainte-Hélène s'il m'arrive jamais de convoiter une demi-lieue de pays. Vous avez entendu les discours de votre Parlement, vous avez lu les diatribes de vos journaux, lorsque mon fidèle allié, le roi de Sardaigne et le vœu des populations, m'ont contraint d'accepter quelques versants de montagnes. J'ai juré ce jour-là qu'on ne m'y prendrait plus. »

Toute l'assemblée se récria, pria, supplia, menaça; mais le capitaine fut inébranlable. On crut un moment que l'Angleterre, la Prusse et la Russie allaient former une coalition pour lui imposer, malgré lui, la frontière du Rhin. Il déclara qu'il était prêt à risquer son dernier homme et son dernier écu plutôt que de laisser reculer les limites de la France. La fermeté de son attitude contint le zèle de ses alliés.

La fin de cette soirée fut consacrée à la délimitation des frontières. La nouvelle carte d'Europe se dessina sur un coin de la table, à la grande satisfaction de toutes les personnes présentes. On la fit porter chez le graveur, et tout me permet de croire qu'elle sera très-prochainement au Dépôt de la Paix.

Au moment de lever la séance, on réveilla le Turc, qui faisait un mauvais rêve. Il voyait ses sept cent cinquante femmes enlevées simultanément par sept cent cinquante maîtres de piano. Lorsqu'il sut qu'on ne lui avait rien pris, excepté son Empire, il poussa un soupir de satisfaction et rendit grâces à Dieu.

On lui montra le résultat des travaux de la conférence, et il s'étonna, comme tout le monde, en voyant que le capitaine français n'avait rien accepté.

— « Quoi! lui dit-il, vous avez présidé au remaniement de l'Europe, et vous n'y avez rien gagné?

— « Nous y gagnons plus que vous ne pensez, répondit le capitaine.

« Je mets en première ligne l'honneur d'avoir présidé au grand acte qui consolide pour longtemps la paix du monde.

« Et ne comptez-vous pour rien l'économie que je ferai

dès ce soir en réduisant de cent millions le budget de l'armée française? Cent millions sont l'intérêt de deux milliards. Une journée où l'on gagne deux milliards n'est jamais une mauvaise journée.

« Libre désormais de tous les tracas de la politique extérieure, je pourrai donner tous mes soins aux affaires du pays.

« J'ai déjà fait beaucoup pour la prospérité matérielle des paysans et des ouvriers qui m'ont élu. Le traité de commerce que j'ai signé avec l'Angleterre ne peut porter ses fruits qu'en temps de paix : je suis sûr, dès aujourd'hui, qu'il ne sera pas stérile. Vous verrez avant deux ans les Français mieux vêtus, mieux nourris et mieux outillés que pas une autre nation. C'est quelque chose.

« Grâce au rétablissement de la sécurité publique, de grandes entreprises se fonderont bientôt dans toute l'Europe. L'Empire grec, la Pologne, la Hongrie, la Servie, l'État Moldo-Valaque, ne manqueront pas de se rapprocher de l'Occident par quelques lignes de chemins de fer. Quel placement pour les capitaux français et quelle source de prospérité pour le marché de Paris ! Nos financiers vont remuer une telle accumulation de milliards, que la France entière en recevra l'éclaboussure. Pour assurer ce bénéfice à la nation, j'aurai soin d'enlever les barrières qui s'élèvent autour de la Bourse : non-seulement les tourniquets, mais les décrets. Les beaux vers de M. Ponsard et la prose élégante de M. Oscar de Vallée ont provoqué chez nous des mesures restrictives, décrétées à bonne intention, sans doute, mais qui coûtent cher au pays. Nous réparerons tout cela dans les loisirs de la paix.

« Les intérêts moraux ne sont pas moins dignes de notre attention : j'y pourvoirai.

« L'instruction publique, longtemps négligée ou même détournée de son véritable but, appelle des réformes importantes. Je n'attendais que la paix pour réparer les erreurs du regretté M. Fortoul et du regrettable M. de Falloux.

« La presse, cette école destinée à l'instruction des hommes faits, ne sera plus que surveillée. Nous pourrons, sans léser les intérêts du fisc, supprimer l'impôt du timbre, qui pèse également sur les bonnes et les mauvaises doctrines. Les livres ne seront ni poursuivis en justice, ni saisis par le commissaire, lors même qu'ils auront été écrits dans l'intérêt du gouvernement et pour sa défense. Nous aurons tout le temps de reconnaître nos vrais amis, qui sont les démocrates français, et nous nous garderons bien de les traiter en ennemis.

« Nos serviteurs ont droit aussi à une sérieuse attention. Il y en a qui nous servent trop, comme le sous-préfet de Fougères. Nous garderons ceux qui nous servent bien.

« La discussion des affaires publiques s'est toujours exercée librement dans les Assemblées constituées, mais elle manquait un peu de publicité. La publicité n'est jamais un mal dans les États démocratiques. Tous les discours qui mériteront d'être imprimés seront mis dans les journaux, comme le discours si juste et si fort de M. Dupin.

« L'éloquence de quelques députés m'a étonné par sa faiblesse. Tout me porte à croire que les débutants de l'opposition cléricale seraient plus brillants dans leurs discours si, au lieu de parler à leur place, ils pouvaient monter à la tribune. Pour encourager ces écoliers, nous ferons construire une tribune de marbre blanc dans la salle du Corps Législatif.

« Nous permettrons... mais je vous retiendrais ici jusqu'à demain si je voulais vous dire tout le bien que je pourrai faire, grâce à l'établissement solide de l'équilibre européen. Contentez-vous de savoir que tous les abus seront corrigés, tous les droits protégés, tous les arts encouragés ; que le peuple français sera plus libre, plus éclairé, plus heureux et plus grand, et que notre ambition ne demande rien de plus. »

On applaudit pour la dernière fois, et la belle dame de Londres embrassa l'orateur en lui disant : — « La France est bien heureuse de posséder un homme tel que vous. Vous avez mon estime et mon amitié, et je promets de vous servir en alliée fidèle, toutes les fois que j'y trouverai mon intérêt. »

Paris. — En vente à la Librairie E. DENTU, Palais-Royal, galerie d'Orléans.

LA
NOUVELLE CARTE
D'EUROPE

PAR

EDMOND ABOUT

Brochure grand in-8°. — Prix : 1 franc.

REMISE : 25 POUR CENT ET TREIZIÈME.

AVIS IMPORTANT.—MM. les Libraires qui n'ont pas un compte ouvert dans ma Maison, sont priés de s'adresser à leurs Commissionnaires ; — s'ils désirent cependant recevoir directement par la poste la brochure annoncée ci-contre, ils devront accompagner leurs demandes du montant du prix, en un mandat sur la poste ou sur Paris. L'affranchissement par la poste étant obligatoire, il sera nécessaire d'ajouter le coût du port, 10 c. pour 1 exemplaire, 1 fr. 10 pour 13 exemplaires. Les envois par Messageries ou Chemins de fer se font *contre remboursement*.

Librairie de E. DENTU. — Publications nouvelles.

HISTOIRE DES GIRONDINS

ET DES

MASSACRES DE SEPTEMBRE

D'APRÈS LES DOCUMENTS OFFICIELS ET INÉDITS

PAR A. GRANIER DE CASSAGNAC,

Député au Corps législatif.

2 beaux volumes in-8° accompagnés de plusieurs *fac-simile*. Prix : 14 francs.

LES MAITRESSES DU RÉGENT, études d'histoire et de mœurs sur le commencement du xviiie siècle, par H. DE LESCURE. 1 très-fort vol. in-18.	4	»
MÉMOIRES DE RIGOLBOCHE, ornés d'un joli portrait photographié, 1 volume in-18.	1	50
LES ANGLAIS, LONDRES ET L'ANGLETERRE, par L. J. LARCHER, avec une introduction, par EMILE DE GIRARDIN, 1 vol. grand in-18 jésus.	3	»
SOUVENIRS INTIMES D'UN VIEUX CHASSEUR D'AFRIQUE récits du brigadier FLAGEOLET, recueillis par A. GANDON, 5me édition, 1 très-joli volume illustré par WORMS. . . .	3	50
VALDIEU, par L. S. DUVAL, 1 volume grand in-18 jésus. . .	3	»
CATHERINE D'OVERMEIRE, par ERNEST FEYDEAU, 5me édition, 2 volumes grand in-18 jésus.	6	»
BECKWOURTH LE CHASSEUR, scènes de la vie sauvage en Amérique, 1 fort volume grand in-18 jésus.	3	50

ACTUALITÉS

La Coalition, brochure grand in-8.	1	»
Les Papes princes italiens, 2me édition, 1 volume in-8.	2	»
Lettres sur les affaires d'Italie, par L. C. FARINI, 1 volume grand in-8. . .	3	»
Mille ans de guerre entre Rome et les Papes, par MARY-LAFON, 2me édition, 1 vol. grand in-8.	3	»
Rome et le Pape, par M. LAURENTIE, brochure grand in-8.	1	»
Madame la Duchesse de Parme devant l'Europe, par HENRY DE RIANCEY, 1 fort vol. in-12.	1	»
L'Excommunication, par H. CASTILLE, brochure grand in-8. . . .	1	»
Les foudres du Vatican, par J. CHAUTARD, brochure grand in-8. .	1	»
Serment des Souverains-pontifes, inaliénabilité du domaine de l'Église, brochure gr. in-8.	1	»
Condamnation du pouvoir temporel des Papes, par D'ALBANÈS et S. PERRON, br. gr. in-8.	1	»
Paris inhabitable, ou ce que tout le monde pense et que personne ne dit, par ALEXANDRE WEILL, brochure in-12.	1	»

REMISE. — 25 pour cent et treizième assortis sur les volumes du même prix.

www.ingramcontent.com/pod-product-compliance
Lightning Source LLC
Chambersburg PA
CBHW071309080426
42451CB00026B/1753